NOTICES BIOGRAPHIQUES

DES

PRINCIPAUX PERSONNAGES

DE LA

GUERRE D'ORIENT

EN 1854

ACCOMPAGNÉES DE PORTRAITS

Et de Cartes (**B**altique et mer **N**oire) par la méthode
Prompt-Trouveur;

PRÉCÉDÉES D'UNE INTRODUCTION HISTORIQUE & GÉOGRAPHIQUE.

PARIS

BOUQUILLARD, Éditeur, rue Saint-Martin, 294.
L. MAISON, Libraire, rue de Tournon, 17,
Éditeur des *Guides-Richard*.

1854

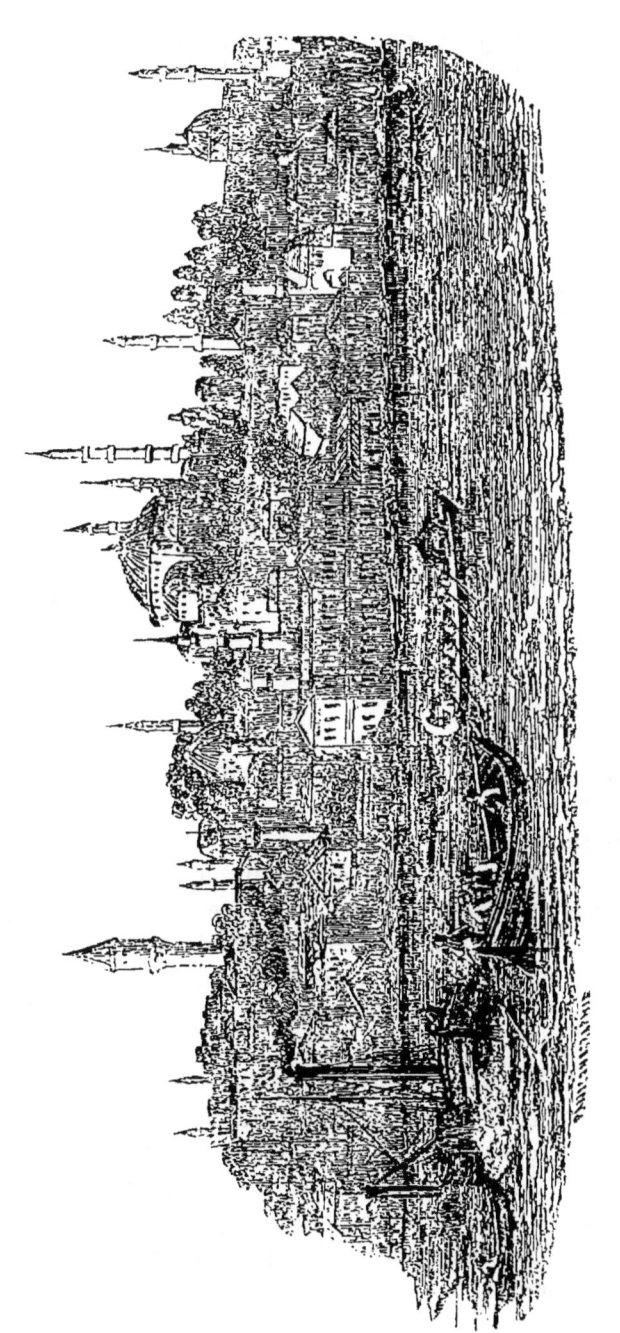
VUE DE CONSTANTINOPLE.

NOTICES BIOGRAPHIQUES

DES

PRINCIPAUX PERSONNAGES

DE LA

GUERRE D'ORIENT

EN 1854.

INTRODUCTION.

Le testament politique esquissé par Pierre Ier, en 1710, avant la bataille de Poltava, commence ainsi :

« Le grand Dieu, de qui nous tenons notre existence et notre
» couronne, nous ayant constamment éclairé de ses lumières et
» soutenu de son divin appui, me permet de regarder le peuple
» russe comme appelé, dans l'avenir, à la domination générale de
» l'Europe. Je fonde cette pensée sur ce que les nations européennes
» sont arrivées, pour la plupart, à un état de vieillesse voisin de
» la caducité, ou qu'elles y marchent à grands pas ; il s'ensuit donc
» qu'elles doivent être facilement et indubitablement conquises par
» un peuple jeune et neuf, quand ce dernier aura atteint toute sa
» force et toute sa croissance. Je regarde l'invasion future des pays
» de l'Occident et de l'Orient par le Nord comme un mouvement
» périodique arrêté dans les desseins de la Providence, qui a ainsi
» régénéré le peuple romain par l'invasion des Barbares. Ces émi-
» grations des hommes polaires sont comme le flux du Nil qui,

» à certaines époques, vient engraisser de se... les terres
» amaigries de l'Égypte. J'ai trouvé la Russie rivière, je la laisse
» fleuve, mes successeurs en feront une grande mer destinée à fer-
» tiliser l'Europe appauvrie, et ses flots déborderont malgré toutes
» les digues que des mains affaiblies pourront leur opposer, si mes
» descendants savent en diriger le cours. C'est pourquoi je leur
» laisse les enseignements suivants. Je les recommande à leur at-
» tention et à leur observation constante... »

Les principaux moyens indiqués par le czar à ses successeurs sont de « diviser la Pologne; prendre le plus qu'on pourra de la » Suède; s'étendre sans relâche vers le nord, le long de la Baltique, » ainsi que vers le sud, le long de la mer Noire; approcher le plus » possible de Constantinople et des Indes. »

Fidèle observateur de cette politique, le gouvernement russe n'a cessé de combattre et d'étendre ses frontières. Depuis la bataille de Poltava, qui a valu à la Russie les provinces de Livonie et d'Estonie, cette puissance s'est emparée, savoir:

En 1721, de la Karélie et de l'Ingrie, ainsi que des îles d'Œsel, de Nova et de Dago;

En 1723, des bords de la mer Caspienne;

En 1743, de la province de Viborg;

En 1783, de la Crimée;

En 1785, de la Géorgie et des défilés du Caucase;

En 1795, de la Courlande;

En 1808, de la Finlande et des îles d'Aland;

En 1812, des possessions turques en deçà du Pruth;

Et en 1831, d'un tiers de la Pologne.

Pour suivre le programme tracé par Pierre Ier, le czar doit désormais s'emparer de Constantinople, et il est devenu évident pour tout le monde que c'est là que tendent toutes les menées de Nicolas. Ne pouvant s'étendre à l'ouest, à cause de la différence de religion et de l'émancipation des esprits, la Russie tend à s'avancer vers le sud, où elle compte sur le fanatisme de ses coreligionnaires et l'apathie d'un peuple habitué à l'esclavage. Une fois à Constantinople, elle ne tarderait pas à englober la Grèce, qui n'aurait ni la force ni le désir de s'opposer à sa domination; bientôt les marines des puissances occidentales seraient exclues de l'Adriatique et de la Méditerranée, comme elles le sont de la Baltique et de la mer Noire. Aussi la guerre d'Orient est-elle une guerre nationale ; et si la France et l'Angleterre ont envoyé flottes et armées au secours de Constantinople, c'est pour soutenir leur propre indépendance et maintenir l'équilibre européen.

MER BALTIQUE.

La Baltique est séparée de la mer du Nord par les détroits du Sund, du grand et du petit Belt. Elle baigne les côtes de la Russie, de la Suède, du Danemarck, du Mecklembourg et de la Prusse. Elle se divise en plusieurs bassins, savoir : 1° la Baltique proprement dite, bornée au nord par l'île d'Aland et l'archipel d'Abo, à l'ouest par la Suède et le Danemark, à l'est par les îles de Dago et d'OEsel ainsi que par la Courlande, enfin au sud par le Mecklembourg et la Prusse ; 2° le golfe de Botnie, qui s'avance, au nord de l'île d'Aland et de l'archipel d'Abo, entre la Finlande et la Suède ; 3° le golfe de Finlande, au nord-est de la Baltique, qui sépare l'Estonie de la Finlande ; 4° le golfe de Livonie, au sud-est de l'île d'OEsel, qui s'étend entre la Livonie et la Courlande. La Baltique reçoit les eaux du Torns, de la Dwina, du Niémen, de la Vistule et de l'Oder.

GOLFE DE FINLANDE.

Le golfe de Finlande est formé par la mer Baltique, avec laquelle il communique à l'ouest, et borné au nord par les côtes de la Finlande, à l'est par celles de la Carélie, et au sud par celles de l'Estonie. Il est alimenté par les eaux de la Néva, qu'il reçoit à Saint-Pétersbourg, par le lac Ladoga, dont il n'est séparé que par les lagunes du Viborg, et enfin par nombre de petites rivières qui sillonnent ses rivages marécageux.

C'est dans ce golfe que se trouvent réunis, avec la capitale de la Russie, les trois grands ports militaires de cette puissance, savoir : Kronstadt dans l'île de Retouzari et à l'embouchure de la Néva,

Revel sur les côtes de l'Estonie, et Helsingfors sur celles de la Finlande.

La marée est nulle dans ce golfe, et la navigation en est très-difficile, à cause des récifs dont ses côtes sont hérissées.

SAINT-PÉTERSBOURG.

Saint-Pétersbourg partage avec Moscou le titre de capitale de l'empire russe. Le czar Pierre le Grand a fondé cette ville en 1703, et l'a dédiée à l'apôtre saint Pierre, son patron. Résidence privilégiée des czars, elle est devenue, malgré la rigueur habituelle de son climat et des inondations fréquentes, une fort belle et fort grande ville. Elle est située sur les anciennes lagunes de la Néva. Cette rivière, qui sort du lac Ladoga et se décharge dans le golfe de Finlande, sépare Saint-Pétersbourg en cinq quartiers. Cette ville est très-commerçante et très-peuplée; elle possède trois chantiers pour la construction des navires, et de magnifiques monuments : les quais des Iles-de-l'Amirauté et Basile sont surtout remarquables.

Saint-Pétersbourg possède un port qui est assez vaste, mais peu profond.

KRONSTADT.

Kronstadt a été fondée en 1710, à l'extrémité de l'île de Retouzari, huit lieues environ en avant de Saint-Pétersbourg, qu'elle est destinée à défendre. Cette ville sert d'entrepôt à la capitale de la Russie, où les vaisseaux de haut bord ne peuvent remonter, à cause des bas-fonds de la Néva. Elle possède trois ports destinés, un à la marine marchande, et deux à la marine de guerre : l'un de ces derniers sert de station à la flotte russe, et l'autre est employé pour le radoub et les armements. Cette ville commande le chenal qui conduit à Saint-Pétersbourg ; elle est hérissée de batteries qui se croisent en tous sens; on a déployé, pour la fortifier, toutes les ressources de l'art militaire.

MER NOIRE.

La mer Noire, ancien Pont-Euxin, doit son nom à ce qu'elle est toujours couverte de nuages et que les tempêtes y sont très-fréquentes. Ce n'est qu'un vaste golfe relié à la Méditerranée par le détroit des Dardanelles, la mer de Marmara et le canal du Bosphore. Cette mer divise l'Europe d'avec l'Asie, et est bornée au nord et à l'est par la Russie, au sud et à l'ouest par la Turquie. Elle est alimentée par les eaux du Danube, du Dniester, du Dnieper, du Kouban et de la mer d'Azov, dont elle n'est séparée que par le détroit d'Enikalé, et qui sert d'embouchure au Don.

Toutes les côtes de la mer Noire sont d'une grande fertilité et produisent du blé en abondance.

Ainsi que dans toutes les mers intérieures, le flux et le reflux sont presque insensibles dans la mer Noire.

DANUBE.

Le Danube, le plus grand fleuve de l'Europe, prend sa source près de la forêt Noire, et traverse l'Allemagne, la Hongrie et la Turquie d'Europe, d'occident en orient. Il passe à Ulm, à Donawert, à Neubourg, à Ingolstadt, à Ratisbonne, à Straubing, à Passau, à Lintz, à Vienne, à Bude, à Belgrade, à Widdin, à Rustchuk, etc., et va se jeter dans la mer Noire par trois bouches principales. Dans son long parcours il reçoit les eaux d'un grand nombre de rivières, entre autres la Drave, l'Obi, l'Irgis et le Pruth.

Ce fleuve est très-rapide, et charrie une telle quantité de sable que son embouchure en est souvent obstruée.

Le bas Danube sert au transport des grains qui croissent en abondance dans toutes les vallées que ses eaux fertilisent : aussi les Russes s'étaient-ils emparés de la navigation de ce fleuve.

CONSTANTINOPLE.

Constantinople est la capitale de tout l'empire ottoman. Elle doit son nom à Constantin, premier empereur chrétien, qui la fit bâtir en 326, à la place de l'ancienne Byzance. Elle devint rapidement la rivale de Rome, et fut le théâtre où se jouèrent tous les drames du Bas-Empire. Elle tomba au pouvoir des Turcs en 1453, et Mahomet II y fixa le siége de son gouvernement.

Cette ville est située sur le détroit du Bosphore, qui joint la mer de Marmara avec la mer Noire. Son port est un des plus beaux et des plus sûrs de l'univers ; il est, en outre, dans une position très-avantageuse pour le commerce.

Scutari, ville de la Turquie d'Asie, est située de l'autre côté du détroit, vis-à-vis de Constantinople, dont elle est regardée comme un faubourg.

ODESSA. — SÉVASTOPOL.

Odessa est située au nord-ouest de la mer Noire, au fond d'un golfe qui porte son nom. Elle a été bâtie sur les ruines d'une ancienne colonie grecque, et nommée primitivement Hadji-Bey. Ce n'est qu'en 1796 que cette ville a reçu de Catherine II le nom d'Odessa, en mémoire de la ville d'Odessus, dont elle a englobé l'emplacement dans son enceinte.

Le port d'Odessa a été déclaré libre en 1802, et n'a pas tardé à devenir l'entrepôt du commerce des grains de toute la Russie méridionale.

Sévastopol a été fondée, en 1786, sur la côte sud-ouest de la Crimée. C'est un des meilleurs port de l'Europe, et le plus fortifié de toutes les côtes de la mer Noire. Seulement, le manque d'eau douce a toujours nui à l'accroissement de cette ville.

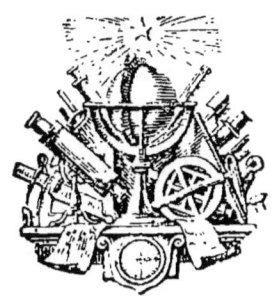

NAPOLÉON III

(LOUIS-NAPOLÉON BONAPARTE),

Né le 20 avril 1808,

Empereur des Français.

Cédant aux vœux de la France, exprimés par huit millions de suffrages, Napoléon III a pris, le 2 décembre 1852, le titre d'empereur.

« La veille de son avénement, ce prince répondait aux calomnies des uns et aux inquiétudes des autres par cette féconde maxime : *L'Empire, c'est la paix.* Profondément pénétré de sa mission, fort de la prospérité que son courage nous avait rendue, fier de ce magnifique développement d'activité industrielle qui, en deux ans, avait comblé le déficit de nos budgets, et ouvrait à la richesse du pays les plus larges horizons, l'empereur attendait de la paix bien plus de vraie gloire que de la guerre ; il a tout fait pour la maintenir : « afin d'éviter la lutte, il a été aussi loin que le lui permettait l'hon»neur. » Cette correspondance diplomatique, à laquelle sa lettre donne un si noble couronnement, a déroulé aux yeux de la France et du monde les preuves les plus éclatantes de ses constants efforts et de sa loyauté.

» Le gouvernement russe voudrait en vain décliner la redoutable responsabilité de l'incendie qu'il allume. Toutes les grandes cours de l'Europe ont eu les pièces en main, et quelque sympathie qu'elles aient éprouvée pour lui, toutes le condamnent. Aussi ce drapeau de l'ordre et du repos européens, dont la Russie s'aidait pour peser dans les conseils de la diplomatie, c'est la France qui le porte aujourd'hui ; intimement unie avec l'Angleterre, elle marche entourée des sympathies du continent pour défendre le repos et la sécurité de tous contre l'ambition d'un seul.

« Notre politique est sans égoïsme et sans arrière-pensée ; la »France n'a aucune idée d'agrandissement ; elle veut uniquement »résister à des empiétements dangereux, défendre la cause du sultan »contre une injuste attaque, et néanmoins protéger en même temps »les droits des chrétiens, maintenir la liberté des mers et notre juste »influence dans la Méditerranée, seconder l'Allemagne contre la »prépondérance d'un voisin trop puissant. » La France veut, en un mot, conserver cet équilibre duquel dépendent la sécurité et l'indépendance des États. Pour le succès de cette sainte cause, nous marcherons « avec tous ceux que l'iniquité révolte, avec tous ceux »qui veulent le triomphe du bon droit, de la justice et de la civili»sation. » (Rapport au corps législatif sur l'emprunt pour la guerre d'Orient.)

VICTORIA Ire

(ALEXANDRINE),

Née le 24 février 1819,

Reine de la Grande-Bretagne et de l'Irlande.

Victoria est fille du prince Édouard-Auguste, duc de Kent et Strathen, comte de Dublin, frère des rois George IV et Guillaume IV, et de la princesse Marie-Louise-Victoire de Saxe Saafeld-Cobourg. Elle est de la maison du duc de Brunswick, électeur de Hanovre, dans la famille duquel la couronne d'Angleterre a été transférée en 1714, et appartient par les femmes à la maison de Stuart, descendant d'une sœur de Charles Ier, qui fut décapité, en 1649, par les intrigues d'Olivier Cromwell. Victoria était âgée de dix-huit ans lorsque, le 20 juin 1837, elle succéda à son oncle, Guillaume IV. Elle s'est mariée, le 10 février 1840, au prince François-Albert-Auguste-Charles-Emmanuel, fils du duc Ernest de Saxe-Cobourg-Gotha.

Le peuple anglais est le premier chez lequel le gouvernement constitutionnel ait été établi. Le pouvoir législatif est exercé concurremment par la reine et le parlement. Celui-ci est composé de deux chambres : la première, appelée chambre haute ou des pairs, dans laquelle siégent les princes du sang, les ducs, comtes et barons, les archevêques et évêques ; la seconde, dite chambre basse ou des communes, qui est formée des députés des villes ou bourgs royaux.

Lors de la promulgation du traité de paix conclu à Andrinople, le 14 septembre 1822, entre la Russie et la Turquie, l'Angleterre, tout en se réjouissant du rétablissement de la paix, réclama contre cet acte. En effet, ce traité plaçait-il la Porte Ottomane dans une situation qui assurât la tranquillité future de toutes les nations ? Si les concessions territoriales faites à la Russie avaient une faible étendue, elles avaient une grande importance. L'occupation des forteresses de la côte orientale de la mer Noire mettait aux mains du czar les clefs de la Perse et de l'Asie Mineure, tandis que le rasement des places fortes du Danube livrait aux Russes la navigation de ce fleuve et leur ouvrait les frontières de la Turquie. Enfin les provinces danubiennes, dont l'indépendance était proclamée au détriment de l'empire turc, étaient placées sous le protectorat du czar.

La mission du prince Menschikoff n'est venue que trop tôt réaliser les craintes de l'Angleterre : aussi cette puissance n'a-t-elle pas hésité, lors de la rupture des relations pacifiques entre la Turquie et la Russie, à prendre les armes, de concert avec la France, pour obtenir l'indépendance des côtes de l'ancienne Asie Mineure, et la liberté de la navigation tant sur le Danube que dans la mer Noire.

Le Sultan ABDUL-MEDJID-KHAN

Né à Constantinople le 23 octobre 1823,

Empereur des Turcs.

Abdul-Medjid avait à peine seize ans lorsque, le 2 juillet 1839, il succéda à son père, le sultan Mahmoud II.

Élevé dans le sérail, il était jusqu'alors resté entièrement en dehors des événements politiques. Son premier acte fut la nomination de Halil, son beau-frère, au commandement des troupes, et celle du vieux Khosrew au grand vizirat. Son règne fut inauguré par la bataille de Nezib, où Hâfiz se laissa battre par Ibrahim-Pacha, et par la défection de la flotte, qu'Ahmed-Fewsi-Pacha, ennemi juré du nouveau grand vizir, conduisit à Alexandrie. Sans armée ni flotte, l'empire ottoman était à la merci d'un coup de main : aussi l'Europe s'émut-elle de cette situation précaire et vint-elle prêter son appui au jeune sultan, qui se montrait, du reste, jaloux de continuer les réformes commencées par son père. Abdul-Medjid, contrairement à la coutume barbare de ses prédécesseurs, respecta la vie de son frère, quoique celui-ci fût un esprit turbulent. Il est le premier sultan qui ait substitué le fez au turban et adopté le costume à la française. Mais ces réformes ne sont rien auprès de celles octroyées par le hatti-chérif du 3 novembre 1839, espèce de charte par laquelle ce jeune prince a garanti à ses sujets la liberté individuelle et le droit de propriété, a régularisé l'assiette et la perception des impôts, et fixé le mode de recrutement de l'armée ainsi que la durée des services militaires. Sa sollicitude s'est étendue à toute l'administration : la marine, l'armée, les finances, l'instruction publique et la justice, ont reçu des améliorations importantes. Les sujets chrétiens ont été admis à tester devant les tribunaux, et bientôt l'arbitraire aura complétement disparu de l'empire ottoman.

Lorsqu'en 1848, les provinces danubiennes soulevées demandaient le droit d'élection de leurs hospodars et l'abolition du servage, Abdul-Medjid ne se montra nullement éloigné de faire droit à ces demandes, quoiqu'elles péchassent par la forme. Il occupa militairement les pays révoltés, et, lorsque ses armées l'eurent rendu maître du mouvement, c'est en pardonnant qu'il essaya de ramener les égarés. Peu après il donnait asile aux débris de l'insurrection hongroise, ne tenant aucun compte des sommations de l'Autriche dont les armées menaçaient ses frontières.

Les graves événements dont la mission de Menschikoff a été l'origine ont donné à Abdul-Medjid, qui n'est âgé que de trente et un ans, l'occasion de déployer la prudence et la circonspection d'un diplomate consommé, en même temps qu'il a montré la fermeté et l'audace d'un vieux général, dès que l'honneur de son pays s'est trouvé compromis.

NICOLAS Ier

(PAWLOVITCH),

Né le 7 juillet 1796,

Empereur de toutes les Russies.

En montant sur le trône de Russie, le 1er décembre 1825, Nicolas eut à étouffer une conspiration. Son frère Alexandre, dès 1823, l'avait désigné pour son successeur, au détriment du grand-duc Constantin. Bien que celui-ci eût renoncé à l'empire, néanmoins on profita de cette circonstance pour révolutionner Saint-Pétersbourg. Salué des cris de *Vive Constantin! vive la Constitution!* à son arrivée au palais impérial, Nicolas se mit à la tête de l'armée et eut recours à la mitraille pour disperser l'émeute.

Ce n'est pas la seule occasion où le czar ait fait preuve de courage. A Novgorod, lors de la révolte des colonies militaires, suivi d'un seul aide de camp, il s'avança jusqu'au milieu des rebelles pour les interroger, et lorsqu'il apprit que c'était à leurs exactions que ses généraux devaient d'avoir été massacrés, il pardonna à leurs meurtriers. A Saint-Pétersbourg, dans les émeutes auxquelles les ravages du choléra servirent de prétexte, lui-même arracha à la mort nombre de médecins et d'étrangers que l'on accusait d'empoisonner les fontaines publiques.

Pendant son long règne, Nicolas s'est montré strict observateur de la politique envahissante de ses prédécesseurs; il n'a cessé d'étendre ses frontières au préjudice de la Pologne, de la Perse et de la Turquie. Il était encore fidèle aux mêmes vues en 1849, lorsque, l'insurrection menaçant d'enlever à l'Autriche la Hongrie et l'Italie, et la Prusse ayant peine à étouffer dans son sein les germes d'une révolution, il mit à la disposition de ces deux puissances son trésor et ses troupes.

Aussi, croyant avoir acheté, par le service qu'il leur rendit en cette circonstance, la neutralité de l'Autriche et de la Prusse, le czar n'a plus craint de lever le masque, et, profitant d'un prétexte des plus futiles, il a envahi les provinces danubiennes; mais ses espérances ont été déçues : tandis que l'armée russe traversait le Pruth, la flotte anglo-française mouillait dans les Dardanelles; aux coups de canon de Sinope, elle a franchi le Bosphore et est entrée dans la mer Noire, où bientôt le bombardement d'Odessa lui a donné l'occasion de signaler en même temps la fermeté et l'humanité des puissances occidentales. Enfin l'approche des armées alliées de la France et de l'Angleterre, et les pertes nombreuses éprouvées par les Russes sous les murs de Silistrie, ont déterminé Nicolas à donner l'ordre de battre en retraite, et le 23 juin 1854, ses troupes évacuaient le Giurgevo, se repliant sur les frontières autrichiennes.

FRANÇOIS-JOSEPH

(CHARLES),

Né le 18 août 1830,

Empereur d'Autriche.

Ce fut le 2 décembre 1848, à la suite de l'abdication de Ferdinand Ier, son oncle, et de la renonciation de l'archiduc François-Charles, que François-Joseph, à peine âgé de dix-huit ans, fut proclamé empereur d'Autriche. Lors de son avénement il trouva Vienne au pouvoir de l'émeute, l'Italie et la Hongrie en armes. Aussi dut-il avoir recours à l'étranger pour reconquérir son empire.

Tandis que l'armée française étouffait à Rome le foyer de la révolution italienne, en rétablissant le pape Pie IX sur le trône de saint Pierre, François-Joseph, aidé de la Russie, parvenait à désarmer la Hongrie.

En 1851, il avait triomphé de l'insurrection dans toute l'étendue de son empire, et il visitait les provinces qui avaient eu le plus à souffrir des ravages de la guerre, signalant son passage par de nombreuses amnisties.

François-Joseph s'étudiait à faire disparaître tous les vestiges de la révolution, lorsque, le 6 février 1853, il faillit être victime d'un lâche assassinat : un ouvrier hongrois le frappa d'un coup de hache, au moment où il se promenait sur les remparts de sa capitale en compagnie d'un seul aide de camp. Pendant que Vienne était attristée par cette tentative de régicide, Milan se soulevait de nouveau.

Des hommes du peuple, après s'être emparés par surprise de quelques postes autrichiens, avaient élevé des barricades sur divers points de la ville, et étaient même parvenus à pénétrer dans le château. Mais leur triomphe eut peu de durée : bientôt les uns furent pris et désarmés, tandis que les autres se réfugiaient en Suisse, où leur présence faillit occasionner une guerre entre le cabinet de Vienne et le gouvernement helvétique.

François-Joseph a épousé, le 24 avril 1854, la princesse Élisabeth-Amélie-Eugénie, seconde fille du duc Maximilien-Joseph de Bavière ; il a profité de cette circonstance pour amnistier tous les prévenus de délits politiques, gracier plusieurs centaines de condamnés aux travaux forcés, et lever l'état de siége dans toute l'étendue de son empire. Enfin nombre d'émigrés politiques ont pu rentrer dans leur patrie, et ont été remis en possession de leurs biens.

Dans les événements que la politique envahissante de Nicolas a fait surgir en Orient, François-Joseph, mettant au-dessus des liens de famille qui l'attachent au czar les intérêts de son peuple, s'est prononcé pour les puissances occidentales, et récemment il disait au duc de Gotha : « Je vous donne ma parole que si l'empereur de Russie n'évacue pas les principautés, je lui déclare la guerre. »

FRÉDÉRIC-GUILLAUME IV

Né le 15 octobre 1795,

Roi de Prusse.

Frédéric-Guillaume est monté sur le trône le 7 juin 1840, succédant à son père, Frédéric-Guillaume III. Dès le commencement de son règne il a montré une tendance marquée pour les institutions constitutionnelles que son peuple réclamait depuis longtemps.

La Prusse qui, il y a quarante ans, était une monarchie absolue, et féodale, est devenue, sous son gouvernement, une monarchie constitutionnelle. Depuis le 31 janvier 1850, Frédéric-Guillaume IV lui a garanti l'égalité de tous devant la loi, la liberté personnelle, l'inviolabilité du domicile et de la propriété, la liberté de conscience et de l'enseignement.

Le pouvoir législatif est exercé par le roi conjointement avec deux chambres. La première, où siégent les princes de la maison royale qui ont atteint l'âge de majorité, et les chefs des maisons qui, en Prusse, relevaient jadis immédiatement de l'Empire, est composée de 120 membres héréditaires et viagers, et de 120 membres élus au second degré, dont 90 envoyés par les colléges électoraux, et 30 représentant les grandes villes des pays choisis par les conseils communaux. La seconde chambre se compose de 350 membres élus au suffrage universel, mais à deux degrés. La période législative de la première chambre est de six ans, et celle de la seconde de trois ans. Les membres de la seconde chambre touchent un traitement et une indemnité pour leurs frais de voyage.

En devenant constitutionnelle, la Prusse n'a pas cessé d'être un État essentiellement militaire; rien n'a été changé à l'organisation de la landwehr, dont l'a dotée Frédéric-Guillaume III, et qui a été inaugurée dans les campagnes de 1813, de 1814 et de 1815. Tout Prussien doit vingt années de service militaire à sa patrie. Après avoir passé trois ans dans l'armée active, et deux ans dans la réserve, il est incorporé, à l'âge de vingt-six ans, dans la landwehr, où il demeure quatorze ans, dont sept dans le premier ban et sept dans le second; enfin, de quarante à cinquante ans, il figure dans la landsturm, où il ne peut être, du reste, requis de prendre les armes qu'en cas d'invasion du territoire national.

Fidèle aux dernières recommandations de son père, et aux liens de famille qui l'unissent à l'empereur Nicolas, Frédéric-Guillaume, dans les diverses complications survenues récemment entre le czar et le sultan, a toujours manifesté du penchant pour l'alliance russe. Mais l'opinion publique l'a emporté en Prusse sur la sympathie personnelle du roi, et celui-ci n'a pu non-seulement se prononcer pour la Russie, mais même observer une stricte neutralité. Il a dû suivre l'impulsion de l'Autriche et embrasser la cause soutenue par la France et l'Angleterre.

Généralissime de l'armée d'Orient.

Le M^{al} **LEROY DE SAINT-ARNAUD** (Armand-Jacques), né à Paris le 20 août 1801, a gagné ses grades en Algérie ; savoir : en 1837, celui de capitaine dans la légion étrangère ; en 1840, celui de chef de bataillon au 18e régiment d'infanterie légère ; en 1842, celui de lieutenant-colonel des zouaves, et en 1844, celui de colonel au 53e régiment d'infanterie de ligne.

La vie des camps offrit au maréchal de Saint-Arnaud l'occasion de se distinguer, et il en usa largement. Les combats de Djidjelli et de Bougie, l'occupation du col de Téniah, le ravitaillement de Médéah et de Milianah, l'expédition de Tagdempt, l'assaut du bois des Oliviers et la prise de Thaza, lui permirent de déployer à la face de l'armée son courage et sa fermeté. Mais ce qui contribua surtout à le mettre en relief, ce fut l'énergie qu'il déploya contre El-Bou-Maza, dont le fanatisme tint pendant deux années nos troupes sur le qui-vive.

En 1849, il fut nommé général de brigade et chargé d'une expédition contre la petite Kabylie. La rapidité avec laquelle il parvint à soumettre cette province le fit promouvoir au grade de général de division.

Peu après il était rappelé en France, où on lui confiait le commandement de la 2e division de l'armée de Paris. Son dévouement à la personne de l'empereur le fit choisir, le 26 octobre 1851, pour diriger le ministère de la guerre, et son activité à faire triompher le parti de l'ordre lui valut d'être créé maréchal de France le 2 décembre 1852.

Cependant le défi jeté par la Russie à la France et à l'Angleterre est venu arracher à ses travaux administratifs le maréchal de Saint-Arnaud, et, le 21 avril 1854, il s'embarquait pour Constantinople.

LE PRINCE NAPOLEON.

Général de division à l'armée d'Orient.

Son Altesse Impériale le général-prince **NAPOLÉON BONAPARTE** (Joseph-Charles-Paul), est né en exil le 9 septembre 1822. Il est fils de l'ancien roi de Westphalie, le prince Jérôme Bonaparte, frère de l'empereur Napoléon Ier. Il passa sa jeunesse en Italie, près de son père, et ce n'est qu'en 1848 qu'il lui fut permis de voir la France.

A cette époque, le prince Napoléon, à peine âgé de vingt-six ans, fut député à l'assemblée nationale par plusieurs départements.

Lorsque l'empire fut rétabli en France, le 2 décembre 1852, le prince Napoléon, en qualité d'héritier présomptif du trône impérial, a été élevé à la dignité de sénateur, et promu général de division.

Jalouse de mériter la haute position qu'elle doit à sa naissance, Son Altesse Impériale s'est empressée, lorsque la guerre a été déclarée à la Russie, d'adresser à l'empereur la lettre suivante :

« Sire,

» Au moment où la guerre va éclater, je viens prier Votre Majesté de me permettre de faire partie de l'expédition qui se prépare.

» Je ne demande ni commandement important, ni titre qui me distingue ; le poste qui me semblera le plus honorable sera celui qui me rapprochera le plus de l'ennemi. L'uniforme que je suis fier de porter m'impose des devoirs que je serai heureux de remplir, et je veux gagner le haut grade que votre affection et ma position m'ont donné.

» Quand la nation prend les armes, Votre Majesté trouvera, j'espère, que ma place est au milieu des soldats, et je la prie de me permettre d'aller me ranger parmi eux pour soutenir le droit et l'honneur de la France.

» Recevez, Sire, l'expression de tous les sentiments de respectueux attachement de votre tout dévoué cousin,   NAPOLÉON.

» Palais-Royal, ce 25 février 1854. »

L'AMIRAL HAMELIN

Commandant en chef de l'escadre française dans la mer Noire.

Le vice-amiral **HAMELIN** (Ferdinand-Alphonse), né en 1796, est l'héritier d'un nom qui a honoré la marine française pendant les guerres de l'empire. Il n'avait que dix ans lorsqu'il s'embarqua, en qualité de mousse, sur la frégate *la Vénus*, que commandait son oncle, le baron Hamelin, et il puisa de bonne heure, dans les rudes exercices du métier, les connaissances pratiques et le sang-froid qui le distinguent.

Le premier combat auquel il assista fut celui de Grand-Port, livré en 1807. Il fut nommé enseigne de vaisseau en 1812, et promu au grade de lieutenant en 1815. Sa destinée fut constamment liée à celle de la marine française. En 1814, il prenait part aux luttes qu'eut à soutenir l'escadre envoyée dans l'Escaut, et en 1823, il croisait devant Cadix. Il rendit, en 1827, la liberté au commerce de Marseille, en donnant la chasse aux pirates algériens. Sa noble conduite dans cette dernière campagne lui valut d'être promu au grade de capitaine de frégate. Chargé du commandement d'une expédition dans les mers du Sud, il eut à combattre le découragement d'un équipage décimé par la fièvre jaune, qui ne l'avait pas épargné lui-même.

A sa rentrée en France, entendant parler des armements destinés à châtier le dey d'Alger, il demande le commandement d'un vaisseau, au besoin inférieur à son grade ; peu lui importe pourvu qu'il aille au feu. *L'Actéon* lui fut confié, et il contribua puissamment à la réussite de l'expédition.

C'est en 1842 que lui fut accordé le grade de vice-amiral. Il se rendit aux îles Sandwich, en 1844, pour assurer l'exécution d'un traité conclu avec leur roi. Enfin, en 1849, il fut nommé membre du conseil d'amirauté. Tel est le marin que l'empereur Napoléon III a choisi pour soutenir la politique de la France dans la mer Noire.

Commandant en chef de l'escadre française dans la mer Baltique.

Le vice-amiral **PARSEVAL-DESCHESNES** (Alexandre-Ferdinand), né le 27 novembre 1790, a débuté dans la marine, dès l'âge de quatorze ans, par la bataille de Trafalgar.

Le vice-amiral Parseval-Deschesnes a été promu à ses différents grades, savoir : à celui d'enseigne, le 18 juillet 1811 ; de lieutenant de vaisseau, le 1er septembre 1819 ; de capitaine de corvette, le 5 avril 1827 ; de capitaine de vaisseau, le 26 octobre 1833 ; de contre-amiral, le 30 avril 1840 ; enfin de vice-amiral, le 15 juillet 1846.

Cet officier n'a manqué aucune occasion de se distinguer : en 1814, il combattait sur l'Escaut ; en 1824, il était cité à l'ordre du jour par l'amiral Rosamel, à l'occasion de la capitulation de Barcelone ; en 1830, il commandait une frégate, lors de la prise d'Alger ; en 1833, il montait *la Victoire,* qui ouvrit le feu au bombardement de Bougie ; enfin sa conduite au siége de Saint-Jean d'Ulloa lui valut d'être mis en tête de la liste des officiers que l'amiral Baudin signala à l'attention du gouvernement.

Le vice-amiral Parseval-Deschesnes s'est également distingué dans les diverses missions dont il a été chargé sur tous les points du globe, et dans les nombreux travaux administratifs qui lui ont été confiés. Il a rempli les fonctions de préfet maritime à Cherbourg et à Toulon, et est entré au conseil d'amirauté en 1851. Enfin il a été nommé sénateur, le 26 janvier 1852, lors de la formation du sénat.

C'est en mai 1854 que le vice-amiral Parseval-Deschesnes a été chargé du commandement de l'escadre française dans la Baltique, et, le 13 juin suivant, il saluait de quinze coups de canon le pavillon de l'amiral sir Charles Napier, avec lequel il opérait sa jonction.

Commandant en chef de l'armée anglaise en Orient.

Lord **RAGLAN** (James-Henri Fitzroy-Sommerset), né le 30 septembre 1788, est entré au service en 1804, avec le grade de porte-étendard; il fut nommé lieutenant l'année suivante et capitaine en 1808. Son avancement a été des plus rapides, mais il a su le justifier par de nombreuses citations à l'ordre du jour de l'armée. Dès 1809, Wellington l'attacha à son état-major en qualité d'aide de camp et de secrétaire particulier. Aussi lord Raglan a-t-il pris une part très-active à toutes les batailles que l'armée anglaise nous a livrées tant en Portugal qu'en Espagne et en France. Durant les campagnes de 1811 et de 1812, il a gagné les grades de major et de lieutenant-colonel. Il s'est spécialement distingué au combat de Busaco, où il fut dangereusement blessé, et à la bataille de Waterloo, où il perdit le bras droit.

De retour en Angleterre, lord Raglan fut nommé colonel, et choisi par le prince régent pour remplir près de sa personne les fonctions d'aide de camp. En 1818, il entra à la chambre des communes, mais il resta toujours en dehors des luttes parlementaires. Du reste, il fut presque constamment chargé de fonctions administratives, qui le détournèrent de la scène politique. Il a été successivement secrétaire du directeur général de l'artillerie, de 1819 à 1827, et du commandant en chef de l'armée, le duc de Wellington, jusqu'à la mort de celui-ci. A cette époque il a été nommé directeur général de l'artillerie. Il avait été promu au grade de major général en 1824, et à celui de lieutenant général en 1833. Il n'a reçu le titre de baron de Raglan que récemment, lors de son admission à la chambre des lords.

LE DUC DE CAMBRIDGE

Commandant un corps de l'armée anglaise en Orient.

Son Altesse Royale le duc de **CAMBRIDGE** (George-Frédéric-Guillaume-Charles) est né le 26 mars 1819. Il est cousin germain de la reine Victoria Ire, et petit-fils du roi George III.

Récemment, lorsque l'Angleterre et la France, lasses des pourparlers diplomatiques, ont résolu de recourir aux armes pour soutenir les droits du sultan, leur allié commun, le duc de Cambridge a sollicité et obtenu, de la reine Victoria, la faveur de prendre part à l'expédition. A la nouvelle du départ de Son Altesse Royale, chargée d'un commandement dans l'armée d'Orient, un vif enthousiasme s'est manifesté au sein de la nation anglaise. Tous les clubs se sont montrés jaloux de lui offrir des banquets d'adieu, qui ont été pour les hommes de tous les partis l'occasion de nombreux témoignages d'admiration pour l'esprit chevaleresque du duc de Cambridge, et de sympathie pour le peuple turc.

En se rendant sur le théâtre de la guerre, le duc de Cambridge est passé par Paris. L'accueil qui lui a été fait par le peuple français a été pour tous un témoignage éclatant de l'oubli complet des anciennes rivalités de l'Angleterre et de la France, et de l'entente cordiale qui existera désormais entre ces deux puissances.

En quittant Paris, le duc de Cambridge s'est dirigé sur Vienne, où s'accomplissait le mariage du jeune empereur, François-Joseph, avec la seconde fille du duc Maximilien de Bavière. Sa présence dans une fête, où figuraient toutes les familles royales de l'Allemagne, a été une preuve de la sympathie de la cour autrichienne pour la politique suivie par les puissances occidentales dans la question d'Orient, sympathie qui s'est manifestée peu après par la sommation faite au czar de faire repasser le Pruth aux troupes russes.

L'AMIRAL NAPIER
Commandant en chef de l'escadre anglaise dans la Baltique.

NAPIER (Sir Charles), né à Murshiston-Hall, le 6 mars 1786, était, dès l'âge de treize ans, enseigne de vaisseau. C'est en 1808 que commence la série des faits d'armes qui ont popularisé son nom. Avec un brick il ne craignit pas de soutenir le choc d'une corvette, et si l'issue du combat ne réalisa pas ses espérances, c'est qu'il eut la jambe fracturée par un boulet. En 1813, la prise de l'île de Ponza, dans le royaume des Deux-Siciles, lui fit décerner le titre de chevalier. L'année suivante il se fit remarquer dans l'expédition dirigée contre Alexandrie.

Les événements de 1815 interrompirent pour quelque temps sa carrière militaire. On retrouve son nom cité parmi ceux qui se distinguèrent à la bataille de Navarin, lors de l'affranchissement de la Grèce. En 1832, il fit partie de l'expédition anglo-française chargée du blocus de la Hollande. En 1833, il fut envoyé, par son gouvernement, à don Pedro, qui réclamait un commandant pour la flotte portugaise. Aussitôt investi des fonctions d'amiral, sir Napier alla à la rencontre de la flotte miguéliste et la détruisit, ce qui lui valut le titre de comte du cap Saint-Vincent, témoin de sa victoire.

De retour dans son pays, sir Napier embrassa la vie parlementaire, et déploya à la chambre des communes, pour améliorer la marine militaire, la même énergie que pour combattre les ennemis de sa patrie. Il reprit la mer en 1840, et, tour à tour amiral, général et diplomate, il débarqua en Syrie, souleva la population, marcha au-devant d'Ibrahim-Pacha, et, après la défaite de celui-ci, arrêta avec Méhémet-Ali les conditions de l'indépendance de l'Égypte.

A la suite de cette glorieuse campagne, sir Napier se livra de nouveau à ses travaux de réforme; mais dès que sa patrie a eu besoin de son bras, il n'a pas hésité à prendre le commandement de l'escadre de la Baltique.

Commandant en chef de l'armée turque sur le Danube.

OMER-PACHA, né à Plaski, le 6 mars 1806, se nomme Michel Lattas; le surnom d'*Omer* lui a été donné lorsqu'il est entré au service de la Turquie, et le titre de *Pacha* à l'occasion de son mariage avec une sœur de Fuad-Effendi. Il est fils d'un officier croate, qui lui donna une éducation militaire et libérale.

Omer-Pacha avait vingt ans lorsqu'il perdit son père, en 1826. Se trouvant sans ressources, il s'engagea d'abord au service de l'Autriche, puis alla tenter la fortune en Turquie, où Mahmoud commençait ses réformes. Il débuta dans l'emploi d'aide de camp d'Hussein-Pacha, le commandant et le destructeur des janissaires. A la mort de celui-ci, il fut attaché, en qualité d'interprète, et avec le grade de bimbachi (chef de bataillon), à l'état-major du colonel Kinke, chef de la mission militaire prussienne chargée de la réorganisation de l'armée turque. Le zèle et l'activité qu'il déploya dans ces fonctions le firent nommer, en 1840, au grade de kaïmakan (lieutenant-colonel), et en 1842, à celui de léva (général de brigade). Il étouffa, en 1847, une conspiration militaire des plus dangereuses, et mérita le grade de ferik (général de division).

Omer-Pacha a attaché glorieusement son nom aux grands événements qui suivirent 1848, tant par la pacification des provinces danubiennes et la soumission du Monténégro, que par la protection qu'il accorda aux débris de l'insurrection hongroise.

Tel est le général auquel Abdul-Medjid a confié, en 1853, la défense du territoire ottoman. Du reste, la rencontre d'Isatcha, l'attaque d'Oltenitza et la bataille de Citate ont déjà largement justifié cette confiance.

CIRCASSIE.

SCHAMYL

Iman des Tchetchens.

SCHAMYL, né à Himri en 1797, eut dès l'enfance un goût passionné pour l'étude et la méditation. Dschelal-Eldin, son précepteur, devinant en lui un de ces génies supérieurs destinés à la régénération d'un peuple, développa chez lui le fanatisme religieux qui l'animait lui-même.

Le terrible combat d'Himri, que les Russes livrèrent en 1830 aux Circassiens, fut le premier auquel Schamyl prit une part active ; il fut laissé pour mort près du corps inanimé du célèbre Khasi-Moullah, dont il était le disciple bien-aimé. On ignore comment il parvint à se soustraire à la fureur de ses ennemis ; mais lorsqu'il reparut sain et sauf au milieu de sa tribu, il fut reçu comme un élu de Dieu, et devint le premier des murides d'Hamsad-Beg, le successeur de Khasi-Moullah. Quelques années plus tard, Hamsad-Beg était assassiné en se rendant à la mosquée, et ses murides, jaloux de le venger, étaient victimes de leur dévouement ; un seul échappa au carnage, ce fut Schamyl, et cette nouvelle marque de la protection divine lui valut la succession de Hamsad-Beg.

C'est à l'âge de trente-sept ans que Schamyl devint l'iman des Tchetchens, et depuis lors, le Coran d'une main et le cimeterre de l'autre, il n'a laissé d'autre repos à la Russie que le temps nécessaire pour recruter des soldats. Les batailles d'Akulcho, de Chunsack et de Dargo ont popularisé son nom dans toute l'Europe.

La guerre n'est pas le seul théâtre où Schamyl sache se distinguer : c'est aussi un législateur. Le rapprochement que les événements d'Orient viennent d'occasionner entre Schamyl et la Porte Ottomane, en assurant à celui-ci le nombre de soldats nécessaire pour reporter les frontières russes à leurs anciennes limites, aura pour résultat de mettre une barrière aux envahissements de la barbarie, et de civiliser des peuplades abruties par l'esclavage.

LE Mᵃˡ PASKIEWITCH

Commandant en chef de l'armée russe du Danube.

Le maréchal **PASKÉWITCH**, né à Mohilew, en 1777, a pris part à toutes les grandes batailles livrées à Napoléon par les armées réunies de la Russie, de l'Autriche et de la Prusse.

Son avancement a été des plus rapides : dès 1812, il commandait une brigade en qualité de major général. Mais ce n'est qu'en 1825 qu'a commencé sa fortune militaire. Chargé du commandement de l'armée destinée par le czar à châtier le fanatisme persan, il mit en pleine déroute, à Élisabethpol, le 27 septembre 1827, l'armée d'Abbas-Mirza, et conclut avec ce prince un traité de paix par lequel la Perse cédait à la Russie les kanats d'Érivan et de Nakhits-Chevan. Ce succès lui valut le titre de comte d'Érivan. En 1830, il fut envoyé dans le Caucase, où plusieurs généraux avaient échoué; il eut à combattre les Tchetchens et les Lesghis, que le célèbre Khasi-Moullah avait soulevés; il tua leur chef et parvint à les disperser.

Cependant l'écho de la révolution française avait eu son contre-coup à Varsovie. La Pologne était en armes, et les défaites de Warner et de Dembé avaient découragé l'armée russe. Le maréchal Paskéwitch est rappelé de l'armée du Caucase et envoyé en Pologne. Quelques mois après son arrivée, les débris de l'armée polonaise s'enfermaient dans Varsovie, qui devait être le tombeau de leur indépendance. Le maréchal Paskéwitch fut récompensé par le titre de prince de Varsovie, et la jouissance de tous les honneurs attachés à la personne du czar lui-même.

En 1854, l'empereur Nicolas, dans le but d'exalter le fanatisme de ses troupes, a donné le commandement de l'armée du Danube au maréchal Paskéwitch; mais celui-ci a vu son heureuse étoile pâlir devant Silistrie. Aussi, soit fatigue, soit disgrâce, il s'est retiré dans ses terres.

Roi de la Grèce.

OTHON I**er** (Frédéric-Louis), né le 1er juin 1815, avait dix-sept ans lorsqu'il fut appelé à prendre possession du trône de Grèce, le 7 mai 1832.

A la suite de la bataille de Navarin, où la flotte turco-égyptienne fut complétement détruite par les flottes alliées de la France, de l'Angleterre et de la Russie, ces trois puissances avaient proclamé l'indépendance de la Grèce comme état monarchique, et convoqué une assemblée nationale à l'effet de choisir un roi et de préparer une constitution. Le prince Léopold de Saxe-Cobourg, actuellement roi des Belges, réunit la majorité des suffrages; mais son refus nécessita une nouvelle élection. Othon, second fils du roi Louis de Bavière, fut alors désigné et prit possession du trône grec le 6 février 1833.

Le roi Othon a organisé son administration sur le pied français, et il est parvenu, avec peu de ressources, à faire face à toutes les charges qui incombent à un gouvernement naissant. Athènes, autrefois déserte, est maintenant une résidence des plus fréquentées, et la Grèce possède aujourd'hui tout ce qui concourt au bien-être et à la civilisation d'un peuple libre.

Dans la guerre qui vient d'éclater entre la Russie et la Porte Ottomane, le gouvernement grec a pris parti contre cette dernière puissance. Il n'a écouté que son ancienne antipathie contre un peuple qui l'a si longtemps tyrannisé. La France et l'Angleterre n'ont pas été moins conséquentes avec elles-mêmes : si en 1827 elles rendaient l'indépendance à l'ancien berceau de la civilisation et de la liberté, en 1854 elles défendent encore l'opprimé, et s'opposent, comme alors, au changement de l'équilibre européen.

Paris. — Typographie de J. BEST, rue Poupée, 7.

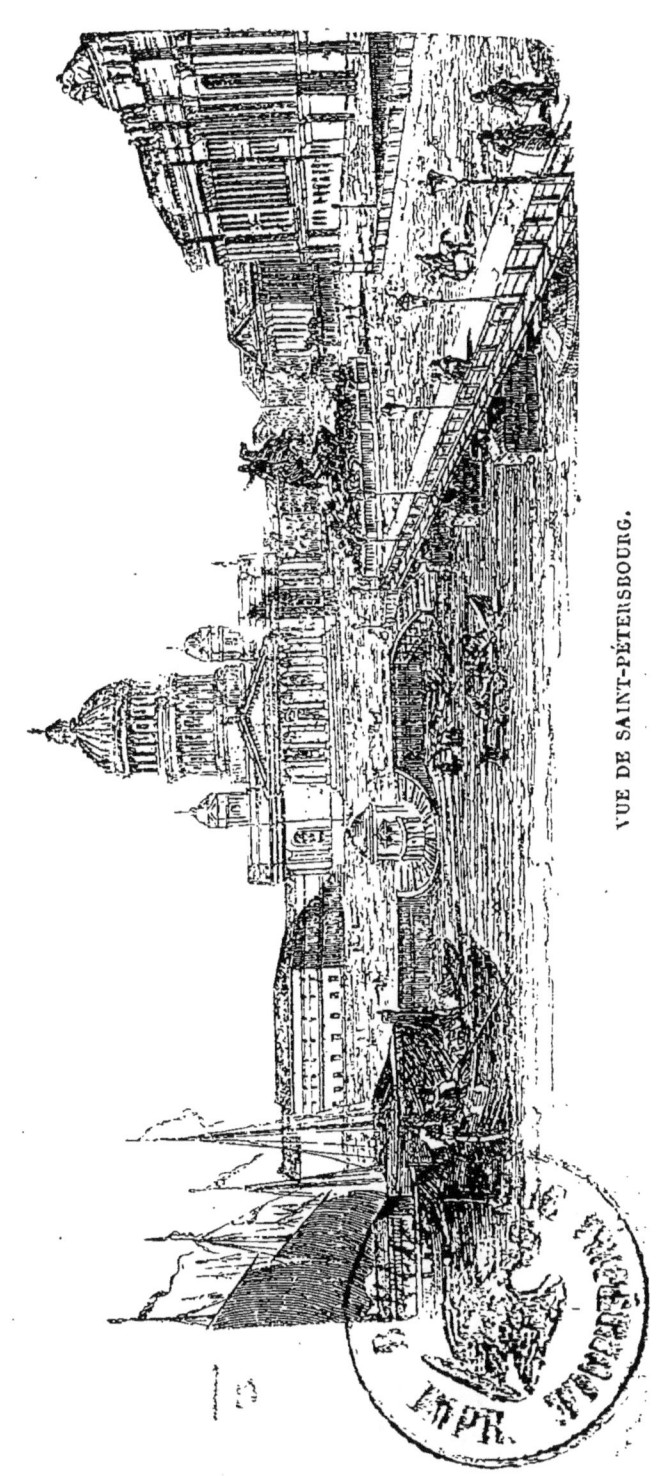

VUE DE SAINT-PÉTERSBOURG.

www.ingramcontent.com/pod-product-compliance
Lightning Source LLC
Chambersburg PA
CBHW061010050426
42453CB00009B/1357